Impressum
Verlag: BABADADA GmbH, Nedderfeld 112 , 22529 Hamburg
Geschäftsführer / Verlagsleitung: Harald Hof
Druck: Books on Demand GmbH, In de Tarpen 42, 22848 Norderstedt

Imprint
Publisher: BABADADA GmbH, Nedderfeld 112 , 22529 Hamburg, Germany
Managing Director / Publishing direction: Harald Hof
Print: Books on Demand GmbH, In de Tarpen 42, 22848 Norderstedt, Germany

школа

skole

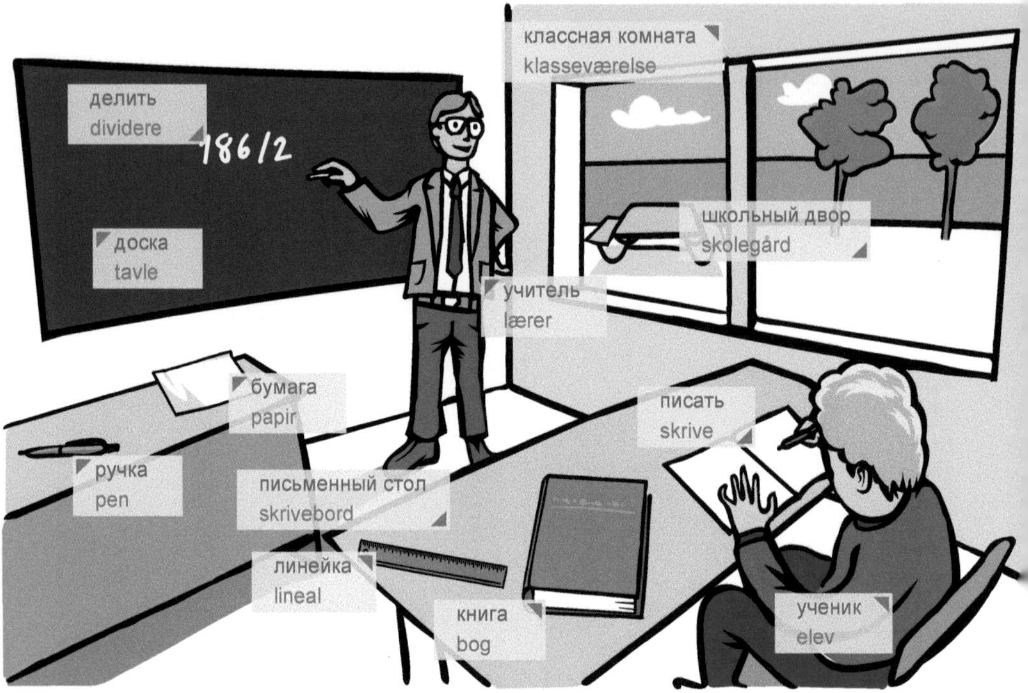
классная комната
klasseværelse
делить
dividere
186/2
доска
tavle
школьный двор
skolegård
учитель
lærer
бумага
papir
писать
skrive
ручка
pen
письменный стол
skrivebord
линейка
lineal
книга
bog
ученик
elev

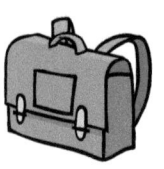

ранец

skoletaske

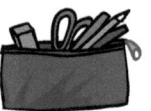

пенал

penalhus

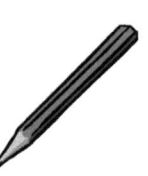

карандаш

blyant

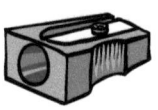

точилка

blyantspidser

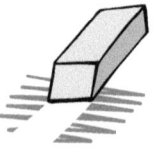

ластик

viskelæder

альбом для рисования

tegneblok

рисунок

tegning

кисточка

pensel

коробка красок

æske med vandfarver

ножницы

saks

клей

lim

тетрадь

opgavehefte

домашняя работа

lektie

цифра

tal

прибавлять

addere

вычитать

subtrahere

умножать

multiplicere

считать

regne

буква

bogstav

алфавит

alfabet

слово

ord

текст

tekst

читать

læse

мел

kridt

урок

time

классный журнал

klasseprotokol

экзамен

eksamen

диплом

karakterbog

школьная форма

skoleuniform

образование

uddannelse

энциклопедия

leksikon

университет

universitet

микроскоп

mikroskop

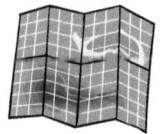

карта

kort

корзина для бумаг

papirkurv

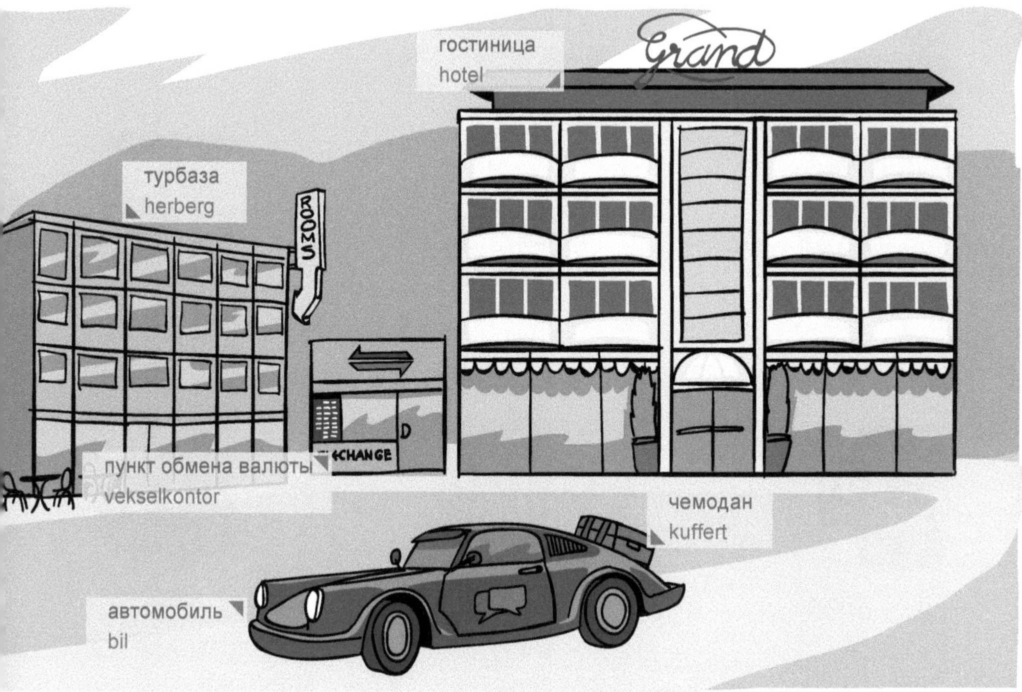

гостиница
hotel
Grand
турбаза
herberg
ROOMS
пункт обмена валюты
vekselkontor
CHANGE
чемодан
kuffert
автомобиль
bil

язык
sprog

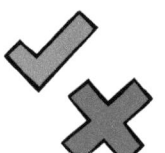

да / нет
ja / nej

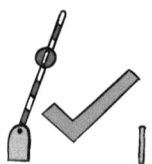

хорошо
okay

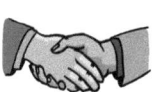

Привет
hej

переводчик
oversætter

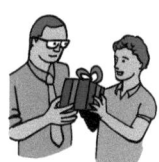

Спасибо
tak

Сколько стоит…?

hvad koster…?

Я не понимаю

Jeg forstår ikke

проблема

problem

Добрый вечер!

God aften!

Доброе утро!

God morgen!

Доброй ночи!

God nat!

До свидания

farvel

направление

retning

багаж

bagage

сумка

taske

рюкзак

rygsæk

гость

gæst

комната

værelse

спальный мешок

sovepose

палатка

telt

туристическая
информация
turistinformation

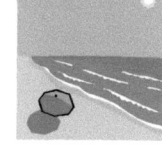

пляж

strand

кредитная карточка

kreditkort

завтрак

morgenmad

обед

middagsmad

ужин

aftensmad

билет

billet

лифт

elevator

почтовая марка

frimærke

граница

grænse

таможня

told

посольство

ambassade

виза

visum

паспорт

pas

транспорт
transport

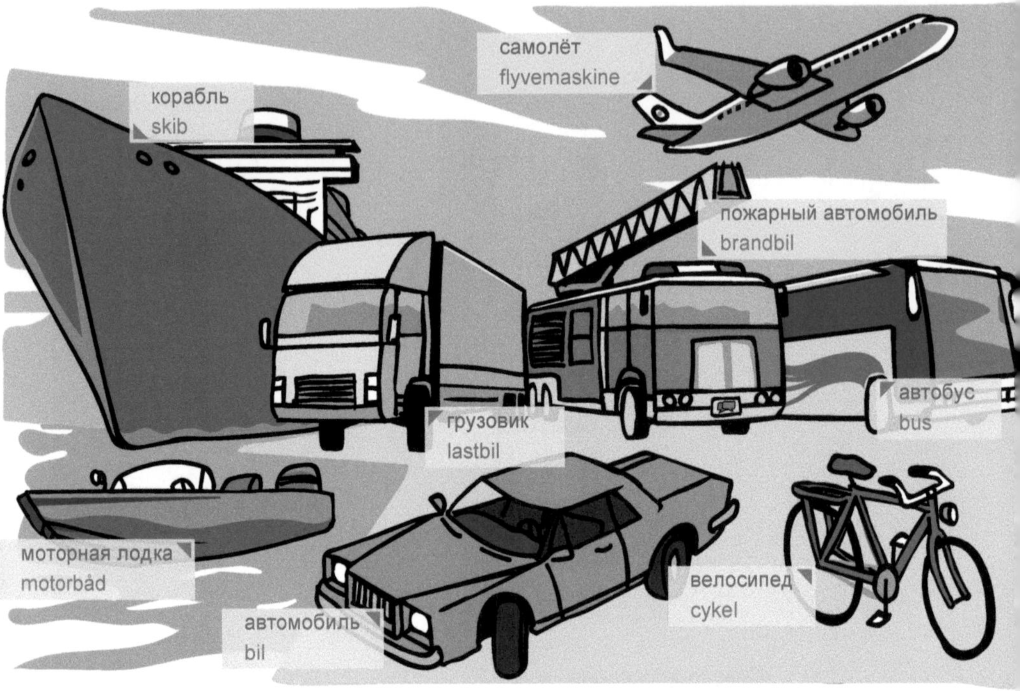

самолёт
flyvemaskine

корабль
skib

пожарный автомобиль
brandbil

автобус
bus

грузовик
lastbil

моторная лодка
motorbåd

велосипед
cykel

автомобиль
bil

п经ром
паром

færge

лодка

båd

мотоцикл

motorcykel

полицейский автомобиль

politibil

гоночный автомобиль

racerbil

арендованный
автомобиль
lejebil

совместное пользование
автомобилями
....
samkørsel

буксировочный
автомобиль
kranbil

мусоровоз
....
skraldebil

двигатель
....
motor

топливо
....
benzin

заправка
....
tankstation

дорожный знак
....
trafikskilt

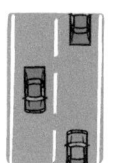

движение
....
trafik

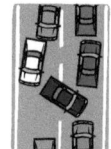

пробка
....
trafikprop

автостоянка
....
parkeringsplads

вокзал
....
banegård

рельсы
....
skinner

поезд
....
tog

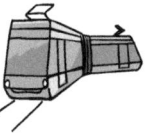

трамвай
....
sporvogn

вагон
....
wagon

вертолёт

helikopter

аэропорт

lufthavn

вышка

tårn

пассажир

passager

контейнер

container

коробка

karton

тележка

kærre

корзина

kurv

взлетать / приземляться

starte / lande

город

by

деревня

landsby

центр города

bymidte

дом

hus

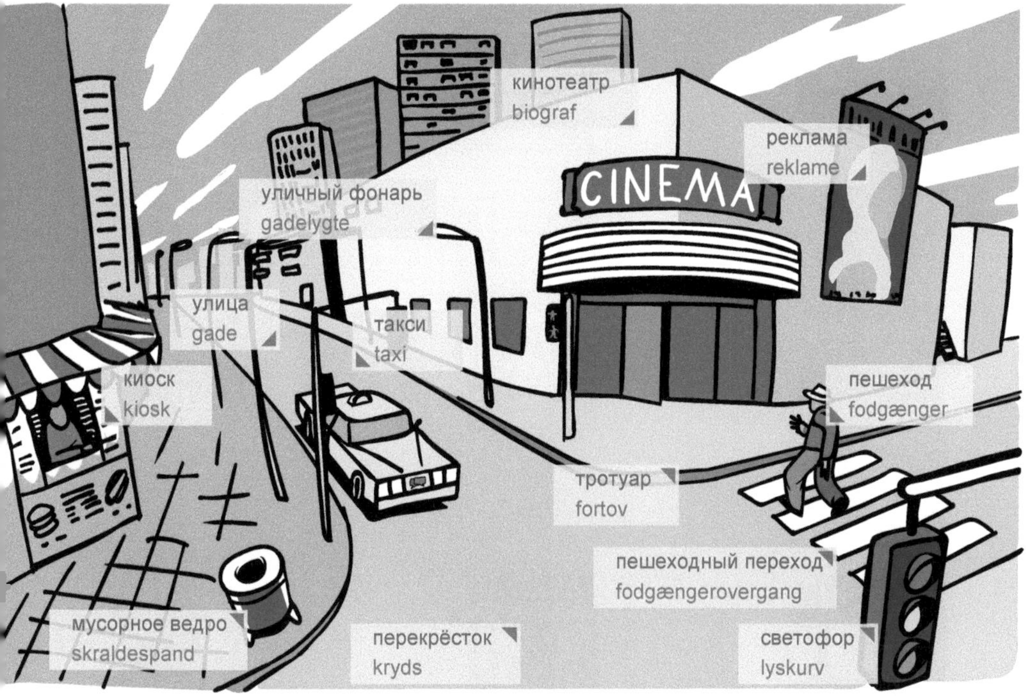

кинотеатр
biograf

реклама
reklame

CINEMA

уличный фонарь
gadelygte

улица
gade

такси
taxi

пешеход
fodgænger

киоск
kiosk

тротуар
fortov

пешеходный переход
fodgængerovergang

мусорное ведро
skraldespand

перекрёсток
kryds

светофор
lyskurv

хижина

hytte

квартира

lejlighed

вокзал

banegård

ратуша

rådhus

музей

museum

школа

skole

университет

universitet

банк

bank

больница

sygehus

гостиница

hotel

аптека

apotek

офис

kontor

книжный магазин

boghandel

магазин

butik

цветочный магазин

blomsterbutik

супермаркет

supermarked

рынок

marked

универмаг

stormagasin

торговец рыбой

fiskehandler

торговый центр

butikscenter

порт

havn

парк

park

скамейка

bænk

мост

bro

лестница

trappe

метро

undergrundsbane

тоннель

tunnel

автобусная остановка

busstoppested

бар

barnevogn

ресторан

restaurant

почтовый ящик

postkasse

табличка с названием
улицы

vejskilt

паркометр

parkometer

зоопарк

zoo

бассейн

badeanstalt

мечеть

moske

ферма

bondegård

загрязнение окружающей среды

miljøforurening

кладбище

kirkegård

церковь

kirke

детская площадка

legeplads

храм

tempel

ландшафт
landskab

лист
blad

дорожный указатель
vejviser

дорога
vej

луг
eng

камень
sten

путешественник
vandrer

дерево
træ

река
flod

трава
græs

цветок
blomst

долина

dal

гора

bjerg

озеро

sø

лес

skov

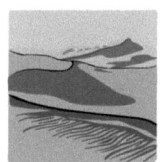

пустыня

ørken

вулкан

vulkan

замок

slot

радуга

regnbue

гриб

svamp

пальма

palme

комар

moskito

муха

flue

муравей

myre

пчела

bi

паук

edderkop

ландшафт - landskab

жук

bille

лягушка

frø

белка

egern

еж

pindsvin

заяц

hare

сова

ugle

птица

fugl

лебедь

svane

кабан

vildsvin

олень

hjort

лось

elg

плотина

dæmning

ветряной генератор

vindmølle

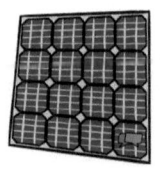

солнечная батарея

solcellemodul

климат

klima

ландшафт - landskab

ресторан

restaurant

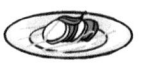

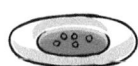

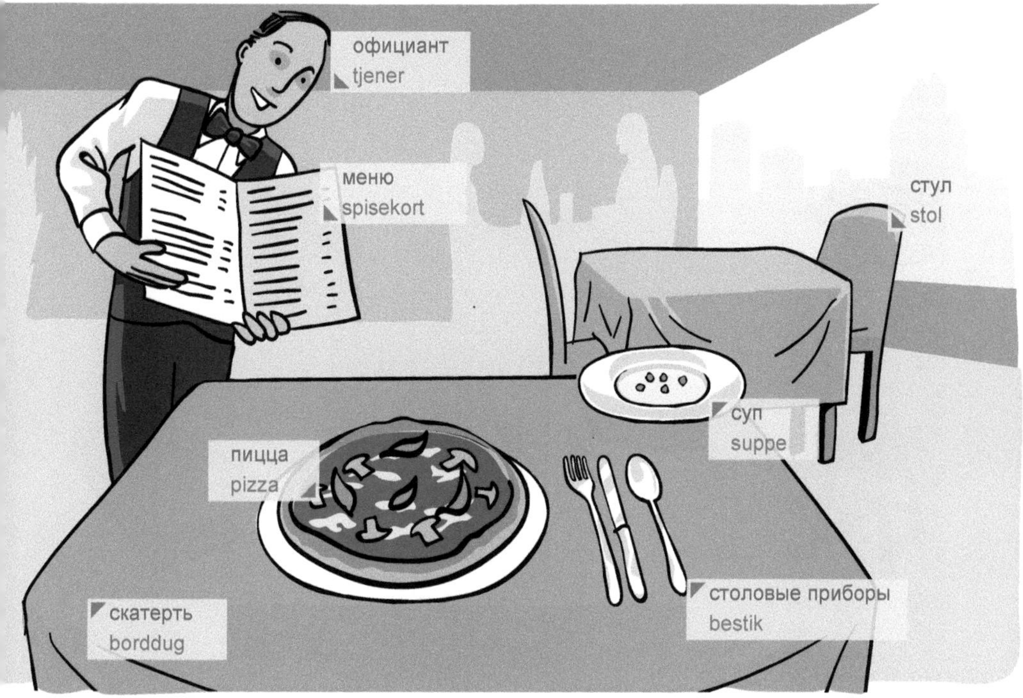
официант
tjener
меню
spisekort
стул
stol
суп
suppe
пицца
pizza
столовые приборы
bestik
скатерть
borddug

закуска

forret

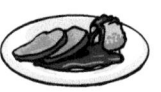

главное блюдо

hovedret

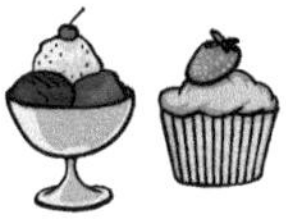

десерт

dessert

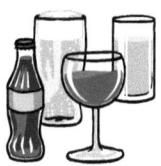

напитки

drikkevarer

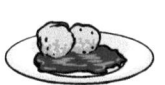

еда

mad

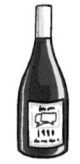

бутылка

flaske

фастфуд

fastfood

уличная еда

streetfood

чайник

tekande

сахарница

sukkerdåse

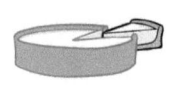

порция

portion

кофеварка

espressomaskine

детский стульчик

barnestol

счет

faktura

поднос

tablet

нож

kniv

вилка

gaffel

ложка

ske

чайная ложка

teske

салфетка

serviet

стакан

glas

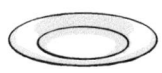

тарелка

tallerken

суповая тарелка

dyb tallerken

блюдце

underkop

соус

sovs

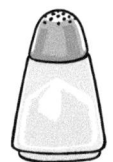

солонка

saltbøsse

мельница для перца

peberkværn

уксус

eddike

масло

olie

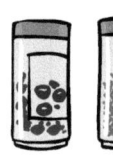

специи

krydderier

кетчуп

ketchup

горчица

sennep

майонез

mayonnaise

супермаркет

supermarked

специальное предложение
tilbud
FOR
покупатель
kunde
молочные продукты
mælkeprodukter
фрукты
frugt
тележка для покупок
indkøbsvogn

BUTCHERS

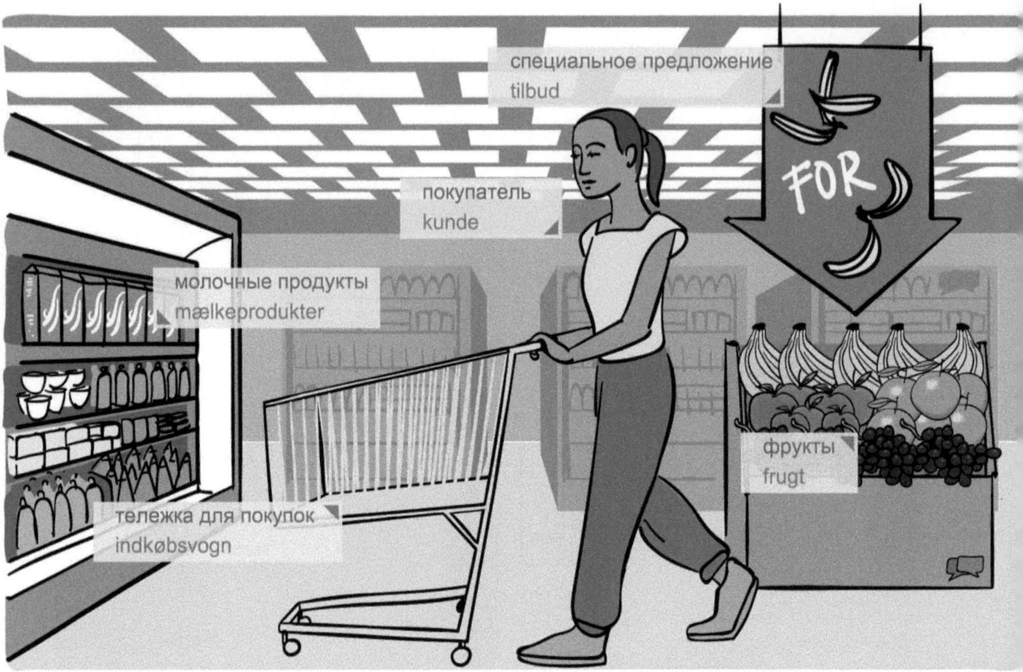

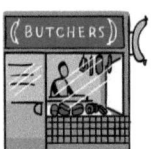

мясной магазин

slagter

BAKERY

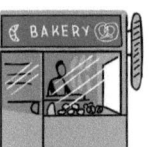

пекарня

bageri

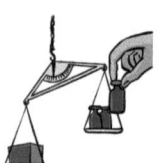

взвешивать

veje

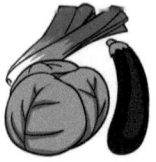

овощи

grøntsager

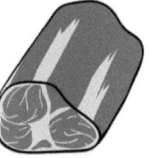

мясо

kød

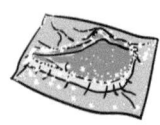

быстрозамороженные продукты

frostvarer

нарезка

pålæg

консервы

konserves

стиральный порошок

vaskemiddel

сладости

slik

предмет домашнего обихода

husholdningsvarer

моющее средство

rengøringsmidler

продавщица

ekspedient

касса

kasse

кассир

kasserer

список покупок

indkøbsliste

время работы

åbningstider

бумажник

tegnebog

кредитная карточка

kreditkort

сумка

taske

полиэтиленовый пакет

plasticpose

вода

vand

сок

saft

молоко

mælk

кока-кола

cola

вино

vin

пиво

øl

алкоголь

alkohol

какао

kakao

чай

te

кофе

kaffe

эспрессо

espresso

капучино

cappuccino

банан

banan

яблоко

æble

апельсин

appelsin

арбуз

melon

лимон

citron

морковь

gulerod

чеснок

hvidløg

бамбук

bambus

лук

løg

гриб

svamp

орехи

nødder

лапша

nudler

спагетти

spaghetti

рис

ris

салат

salat

картофель фри

pomfritter

жареный картофель

stegte kartofler

пицца

pizza

гамбургер

hamburger

сэндвич

sandwich

шницель

schnitzel

ветчина

skinke

салями

salami

колбаса

pølse

курица

kylling

жаркое

steg

рыба

fisk

овсяные хлопья

havregryn

мюсли

mysli

кукурузные хлопья

cornflakes

мука

mel

круассан

croissant

булочка

rundstykke

хлеб

brød

тост

toast

печенье

kiks

масло

smør

творог

kvark

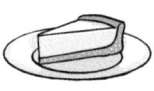

пирог

kage

яйцо

æg

яичница

spejlæg

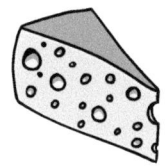

сыр

ost

мороженое

is

сахар

sukker

мёд

honning

мармелад

marmelade

крем с нугой

nougat-creme

карри

karry

ферма
bondegård

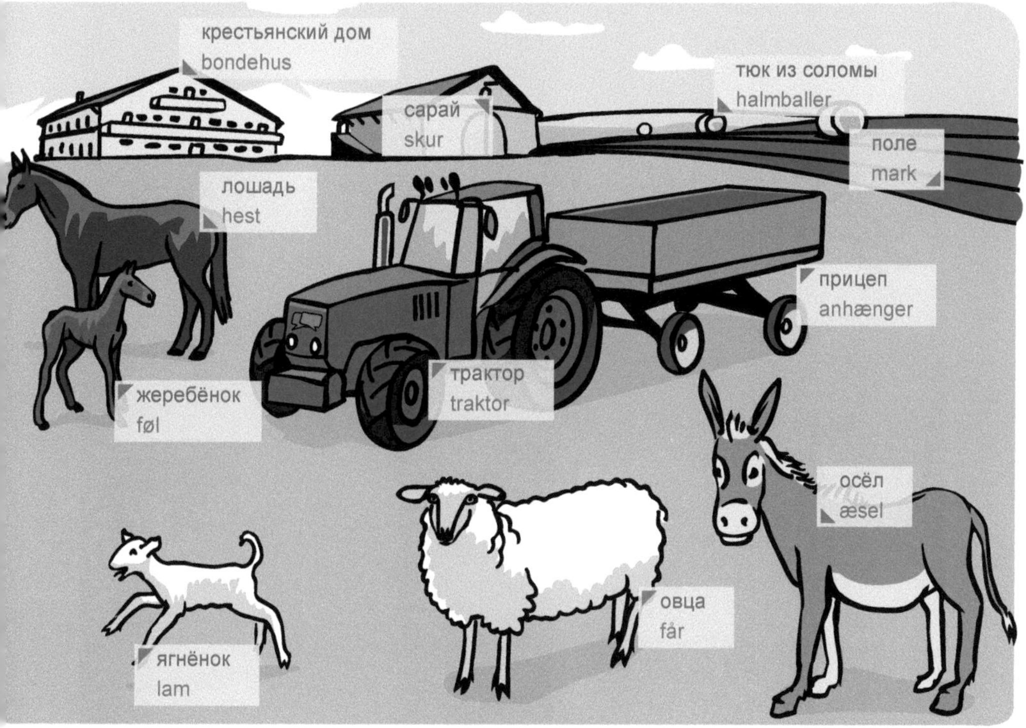

крестьянский дом
bondehus
сарай
skur
тюк из соломы
halmballer
поле
mark
лошадь
hest
прицеп
anhænger
трактор
traktor
жеребёнок
føl
осёл
æsel
овца
får
ягнёнок
lam

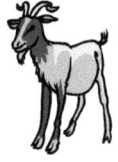

коза

ged

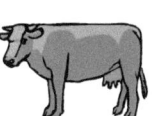

корова

ko

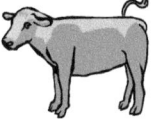

телёнок

kalv

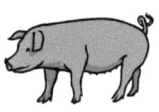

свинья

svin

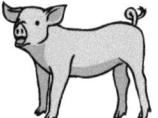

поросёнок

gris

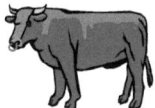

бык

tyr

гусь

gås

утка

and

цыплёнок

kylling

курица

høne

петух

hane

крыса

rotte

кошка

kat

мышь

mus

вол

okse

собака

hund

конура

hundehus

садовый шланг

haveslange

лейка

vandkande

коса

le

плуг

plov

серп

segl

мотыга

hakkejern

навозные вилы

møggreb

топор

økse

тачка

trillebør

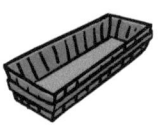

корыто

trug

бидон для молока

mælkekande

мешок

sæk

забор

hæk

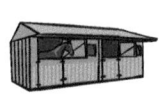

хлев

stald

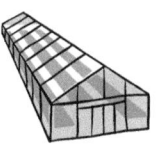

теплица

drivhus

почва

jord

посев

frø

удобрение

gødning

комбайн

mejetærsker

собирать урожай

høste

урожай

høst

ямс

yams

пшеница

hvede

соя

soja

картофель

kartoffel

кукуруза

majs

рапс

raps

фруктовое дерево

frugttræ

маниок

maniok

злаки

korn

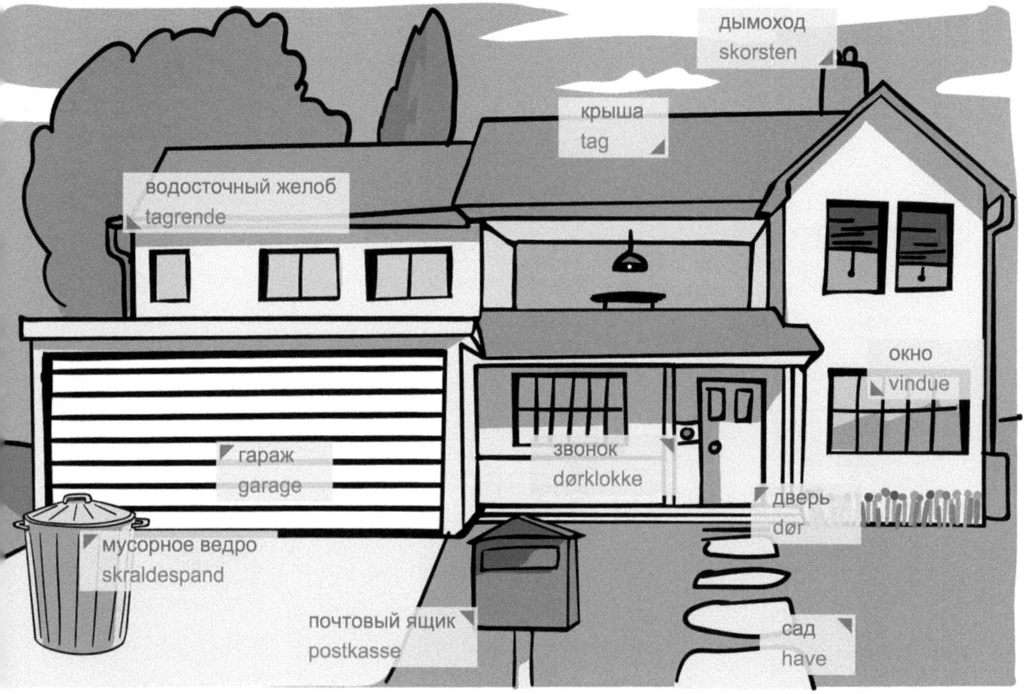

дымоход
skorsten

крыша
tag

водосточный желоб
tagrende

окно
vindue

гараж
garage

звонок
dørklokke

дверь
dør

мусорное ведро
skraldespand

почтовый ящик
postkasse

сад
have

гостиная

stue

ванная комната

badeværelse

кухня

køkken

спальня

soveværelse

детская комната

børneværelse

столовая

spisestue

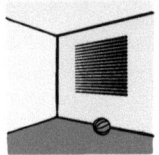

пол

gulv

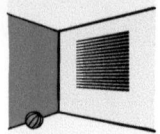

стена

væg

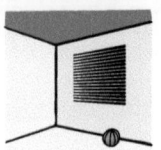

потолок

loft

подвал

kælder

сауна

sauna

балкон

altan

терраса

terrasse

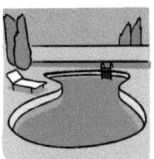

бассейн

svømmehal

газонокосилка

plæneklipper

пододеяльник

dynebetræk

покрывало

dyne

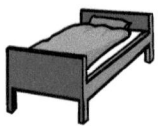

кровать

seng

метла

kost

ведро

spand

выключатель

kontakt

гостиная

stue

обои
tapet
рисунок
billede
лампа
lampe
полка
reol
шкаф
skab
телевизор
fjernsyn
камин
pejs
цветок
blomst
подушка
pude
диван
sofa
ваза
vase
пульт дистанционного управления
fjernbetjening

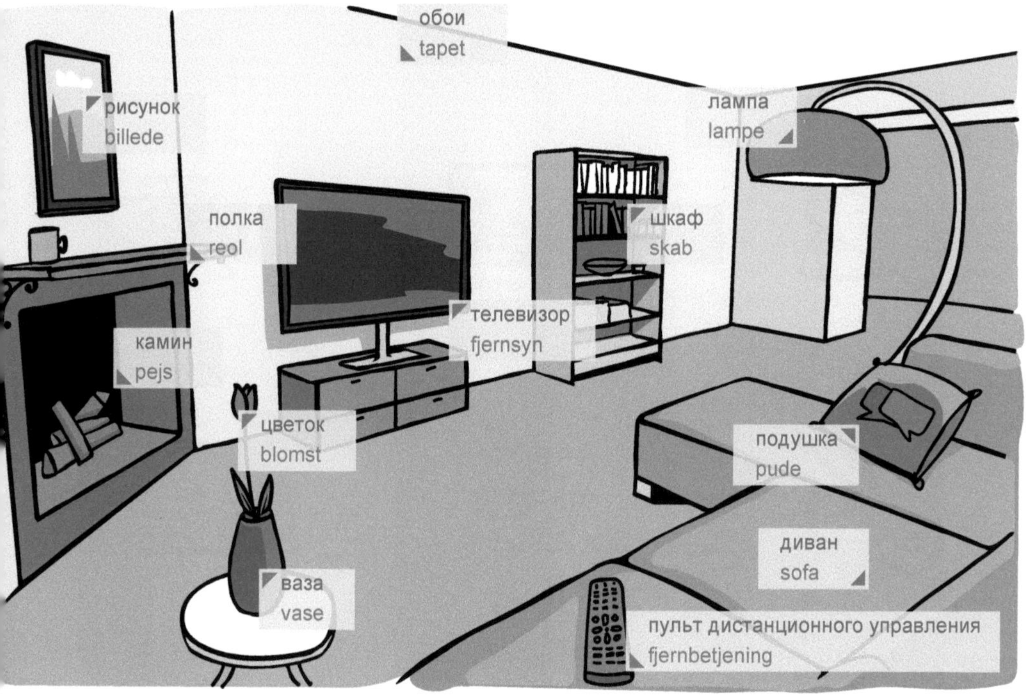

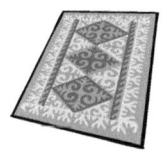

ковёр

gulvtæppe

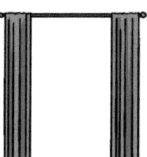

штора

gardin

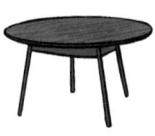

стол

bord

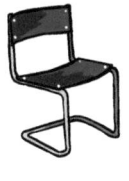

стул

stol

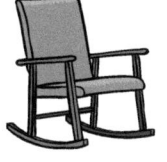

кресло-качалка

gyngestol

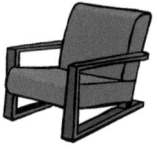

кресло

lænestol

книга

bog

покрывало

tæppe

украшение

dekoration

дрова

brænde

фильм

film

стереосистема

stereoanlæg

ключ

nøgle

газета

avis

картина

maleri

плакат

plakat

радио

radio

блокнот

notesblok

пылесос

støvsuger

кактус

kaktus

свеча

lys

кухня
køkken

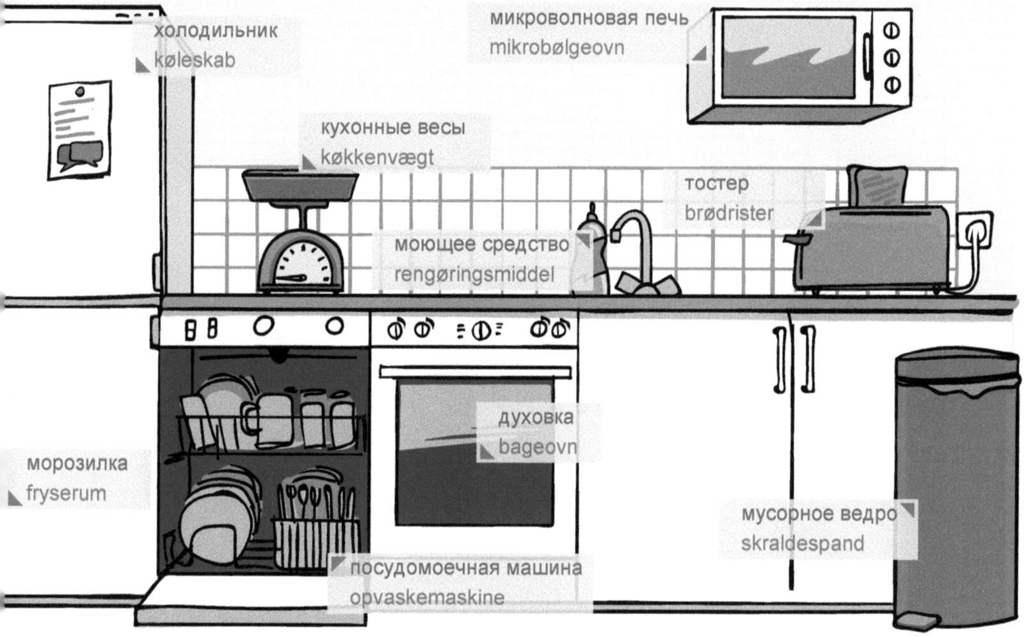
холодильник
køleskab
микроволновая печь
mikrobølgeovn
кухонные весы
køkkenvægt
тостер
brødrister
моющее средство
rengøringsmiddel
духовка
bageovn
морозилка
fryserum
мусорное ведро
skraldespand
посудомоечная машина
opvaskemaskine

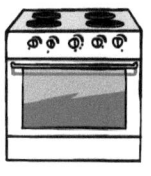

плита

komfur

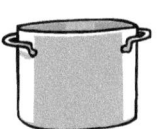

кастрюля

gryde

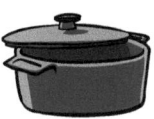

чугунный котелок

jerngryde

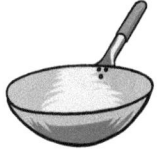

вок / кадай

wok / kadai

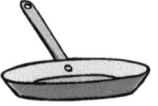

сковорода

pande

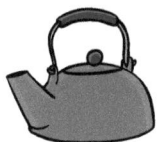

чайник

elkedel

пароварка

dampkoger

противень

bageplade

посуда

service

кружка

bæger

миска

skål

палочки для еды

spisepinde

половник

øseske

лопатка

paletkniv

сбивалка

piskeris

сито

dørslag

сито

si

тёрка

rive

ступка

morter

гриль

grille

костёр

ildsted

доска

skærebræt

скалка

kagerulle

штопор

proptrækker

жестяная банка

dåse

консервный нож

dåseåbner

прихватка

grydelap

раковина

køkkenvask

щетка

børste

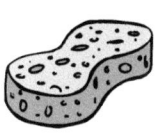

губка

svamp

миксер

blender

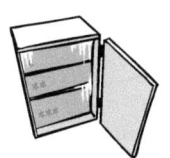

морозильная камера

dybfryser

бутылочка для кормления

sutteflaske

кран

vandhane

ванная комната
badeværelse

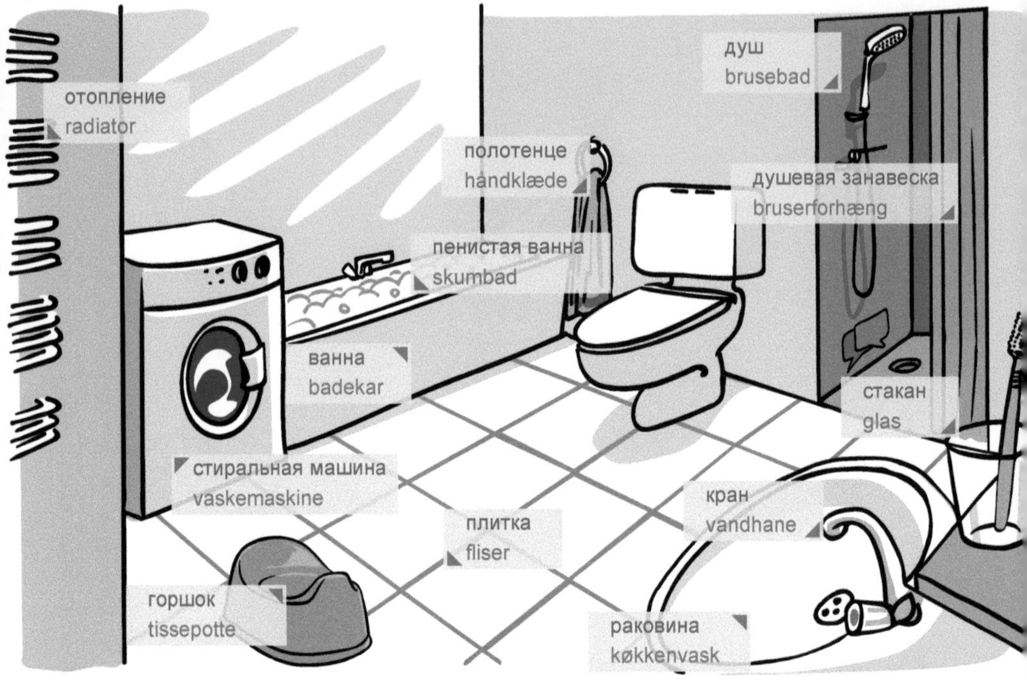

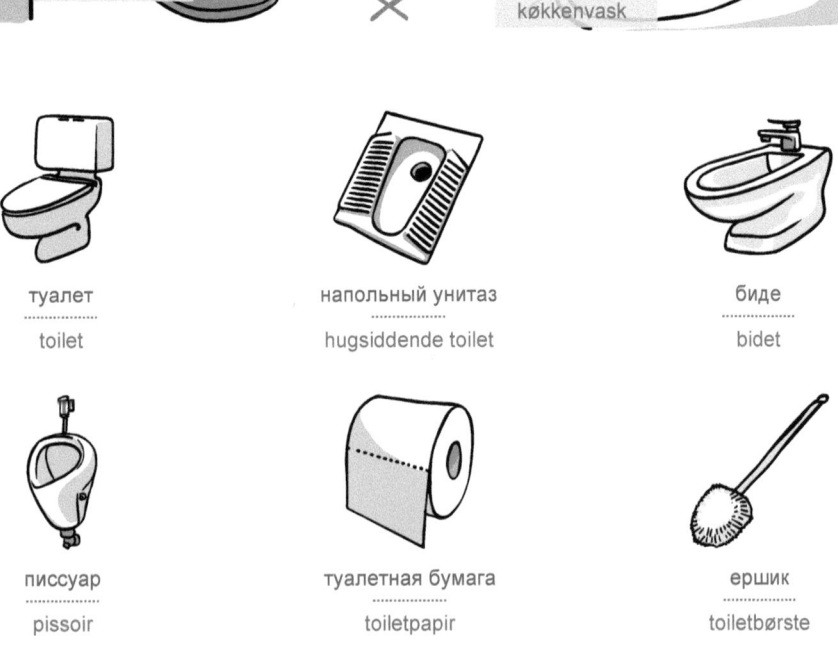

отопление
radiator
душ
brusebad
полотенце
handklæde
душевая занавеска
bruserforhæng
пенистая ванна
skumbad
ванна
badekar
стакан
glas
стиральная машина
vaskemaskine
кран
vandhane
плитка
fliser
горшок
tissepotte
раковина
køkkenvask

туалет

toilet

напольный унитаз

hugsiddende toilet

биде

bidet

писсуар

pissoir

туалетная бумага

toiletpapir

ершик

toiletbørste

зубная щетка

tandbørste

зубная паста

tandpasta

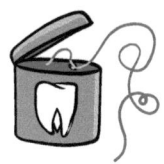

зубная нить

tandtråd

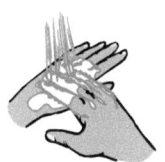

мыть

vaske

ручной душ

håndbruser

интимный душ

intimbruser

таз

vaskefad

щетка для спины

badebørste

мыло

sæbe

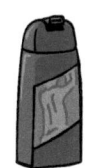

гель для душа

brusegele

шампунь

shampoo

мочалка

vaskeklud

сток

afløb

крем

creme

дезодорант

deodorant

зеркало

spejl

ручное зеркало

kosmetikspejl

бритва

barberhøvl

пена для бритья

barberskum

лосьон после бритья

barbervand

расческа

kam

щетка

børste

фен

hårtørrer

лак для волос

hårspray

косметика

makeup

губная помада

læbestift

лак для ногтей

neglelak

вата

vat

маникюрные ножницы

neglesaks

духи

parfume

косметичка

toilettaske

табуретка

skammel

весы

vægt

халат

badekåbe

резиновые перчатки

gummihandsker

тампон

tampon

гигиеническая прокладка

damebind

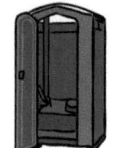

биотуалет

kemisk toilet

детская комната

børneværelse

будильник
vækkeur
мягкая игрушка
bamse
игрушечный автомобиль
legetøjsbil
погремушка
skralde
кукольный домик
dukkehus
подарок
gave

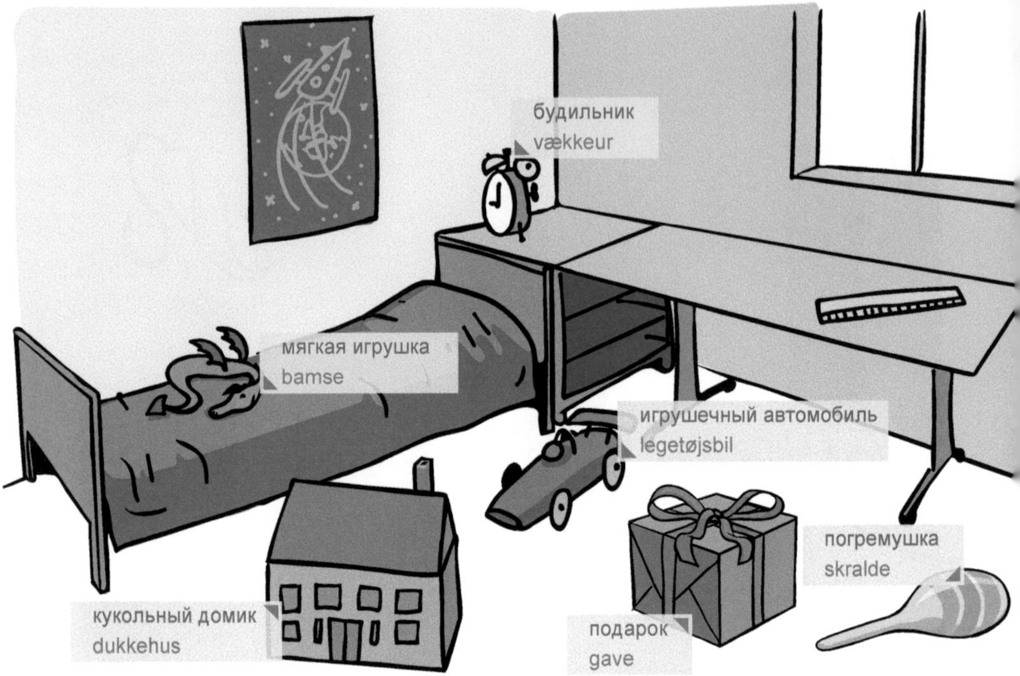

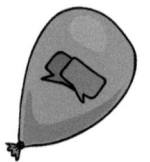

воздушный шар

ballon

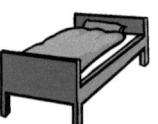

кровать

seng

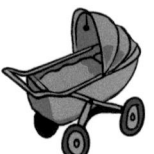

детская коляска

barnevogn

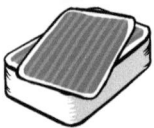

карточная игра

kortspil

пазл

puslespil

SUPER
MEGA

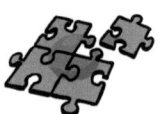

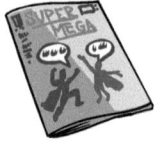

комикс

tegneserie

кирпичики Лего

legoklodser

кубики

byggeklodser

игрушечная фигурка

action figur

ползунки

sparkedragt

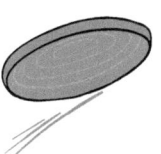

фрисби

frisbee

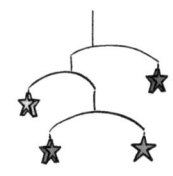

мобиле

uro

настольная игра

brætspil

кубик

terning

модель железной дороги

modeljernbane

соска

sut

вечеринка

fest

книга с картинками

billedbog

мяч

bold

кукла

dukke

играть

lege

песочница

sandkasse

качели

gynge

игрушка

legetøj

игровая приставка

spillekonsol

трёхколесный велосипед

trehjulet cykel

плюшевый медвежонок

bamse

шкаф для одежды

klædeskab

одежда

tøj

носки

sokker

чулки

strømper

колготки

strømpebukser

шарф
sjal

ремень
bælte

зонтик
paraply

футболка
T-shirt

кроссовки
sneakers

сапоги
støvler

тапки
hjemmesko

сандалии
sandaler

ботинки
sko

резиновые сапоги
gummistøvler

трусы
underbukser

бюстгальтер
BH

майка
undertrøje

одежда - tøj

боди

body

брюки

bukser

джинсы

jeans

юбка

nederdel

блузка

bluse

рубашка

skjorte

свитер

pullover

свитер

sweatshirt

спортивная куртка

blazer

жакет

jakke

пальто

frakke

плащ

regnfrakke

костюм

kostume

платье

kjole

свадебное платье

brudekjole

мужской костюм

jakkesæt

ночная сорочка

nattrøje

пижама

pyjamas

сари

sari

платок

hovedtørklæde

тюрбан

turban

паранджа

burka

кафтан

kaftan

абайя

abaya

купальник

badedragt

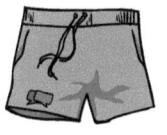

плавки

badebukser

шорты

korte bukser

спортивный костюм

træningsdragt

фартук

forklæde

перчатки

handsker

пуговица

knap

очки

briller

браслет

armbånd

цепочка

kæde

кольцо

ring

серьга

ørering

шапка

hue

вешалка

bøjle

шляпа

hat

галстук

slips

застежка молния

lynlås

шлем

hjelm

подтяжки

seler

школьная форма

skoleuniform

форма

uniform

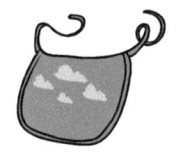

детский нагрудник

hagesmæk

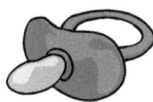

соска

sut

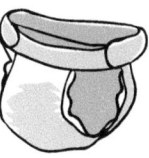

подгузник

ble

офис

kontor

сервер
server
канцелярский шкаф
arkivskab
принтер
printer
бумага
papir
монитор
skærm
письменный стол
skrivebord
мышь
mus
папка
mappe
клавиатура
tastatur
корзина для бумаг
papirkurv
компьютер
computer
стул
stol

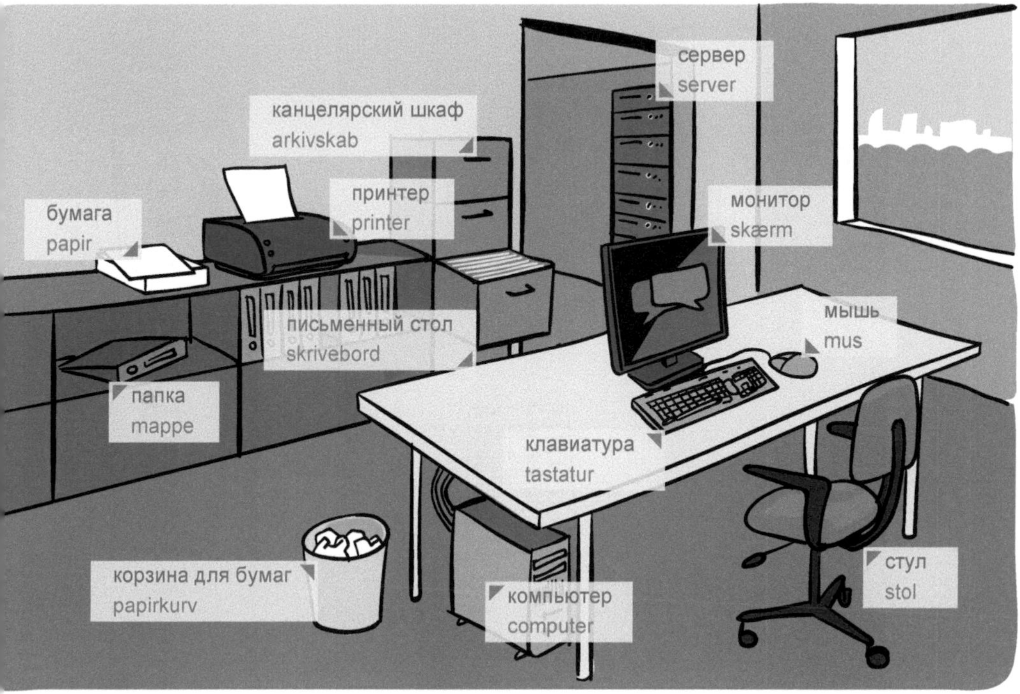

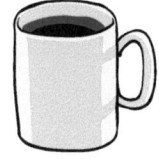

кофейная кружка

kaffekrus

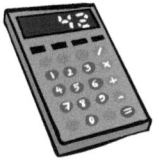

калькулятор

lommeregner

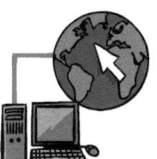

интернет

internet

ноутбук

bærbar

письмо

brev

сообщение

besked

мобильный телефон

mobil

сеть

netværk

ксерокс

kopimaskine

программа

software

телефон

telefon

розетка

stikdåse

факс

fax

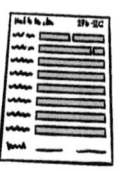

формуляр

formular

документ

dokument

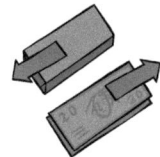

покупать
....
købe

платить
....
betale

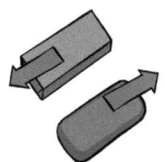

торговать
....
handle

деньги
....
penge

USD

доллар
....
dollar

EUR

евро
....
euro

JPY

иена
....
yen

RUB

рубль
....
rubel

CHF

франк
....
schweizerfranc

CNY

жэньминьби юань
....
renminbi yuan

INR

рупия
....
rupee

банкомат
....
hæveautomat

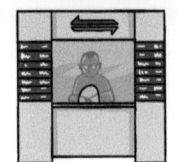

пункт обмена валюты

vekselkontor

золото

guld

серебро

sølv

нефть

olie

энергия

energi

цена

pris

договор

kontrakt

налог

skat

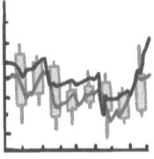

акция

aktie

работать

arbejde

служащий

ansat

работодатель

arbejdsgiver

фабрика

fabrik

магазин

butik

экономика - økonomi

милиционер
politimand

пожарный
brandmand

повар
kok

врач
læge

пилот
pilot

садовник

gartner

столяр

tømrer

швея

syerske

судья

dommer

химик

kemiker

актёр

skuespiller

водитель автобуса

buschauffør

таксист

taxachauffør

рыбак

fisker

уборщица

rengøringskone

кровельщик

tagdækker

официант

tjener

охотник

jæger

художник

maler

пекарь

bager

электрик

elektriker

строитель

bygningsarbejder

инженер

ingeniør

мясник

slagter

сантехник

vvs-mand

почтальон

postbud

солдат

soldat

архитектор

arkitekt

кассир

kasserer

флорист

blomsterhandler

парикмахер

frisør

кондуктор

togfører

механик

mekaniker

капитан

kaptajn

зубной врач

tandlæge

ученый

videnskabsmand

раввин

rabbiner

имам

imam

монах

munk

священник

præst

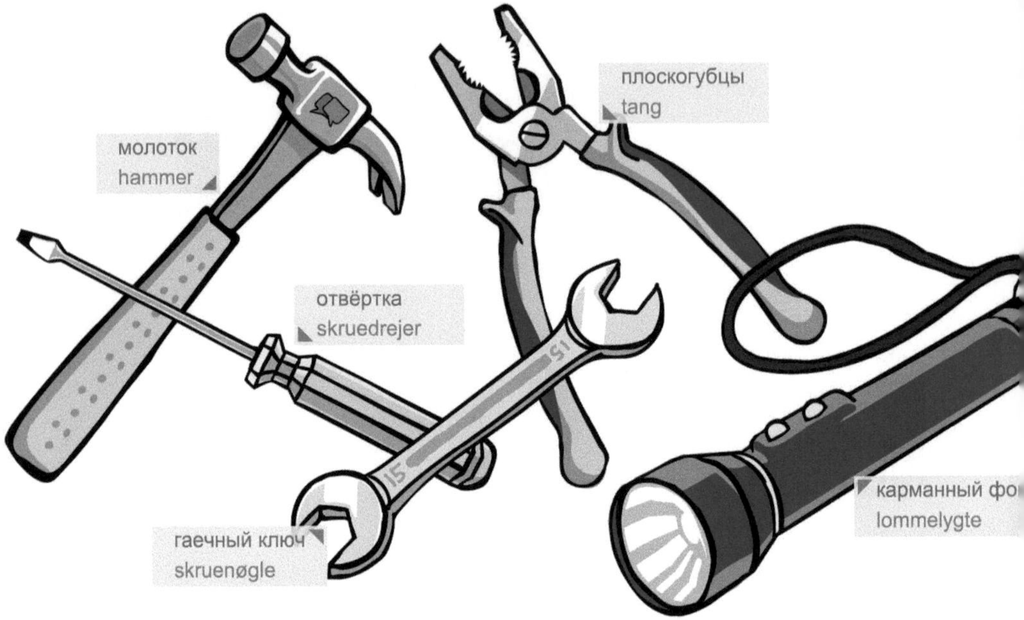

молоток
hammer

плоскогубцы
tang

отвёртка
skruedrejer

карманный фо
lommelygte

гаечный ключ
skruenøgle

экскаватор

gravemaskine

ящик для инструментов

værktøjskasse

стремянка

stige

пила

sav

гвозди

søm

дрель

bor

ремонтировать

reparere

лопата

skovl

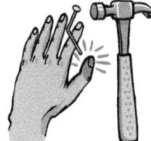

Блин!

Lort!

совок

fejebakke

ведро с краской

malerspand

винты

skruer

музыкальные инструменты
musikinstrumenter

громкоговоритель
højttaler

ударный инструмент
trommer

гитара
guitar

контрабас
kontrabas

труба
trompet

пианино

klaver

скрипка

violin

бас-гитара

bas

литавры

pauke

барабан

tromme

синтезатор

keyboard

саксофон

saxofon

флейта

fløjte

микрофон

mikrofon

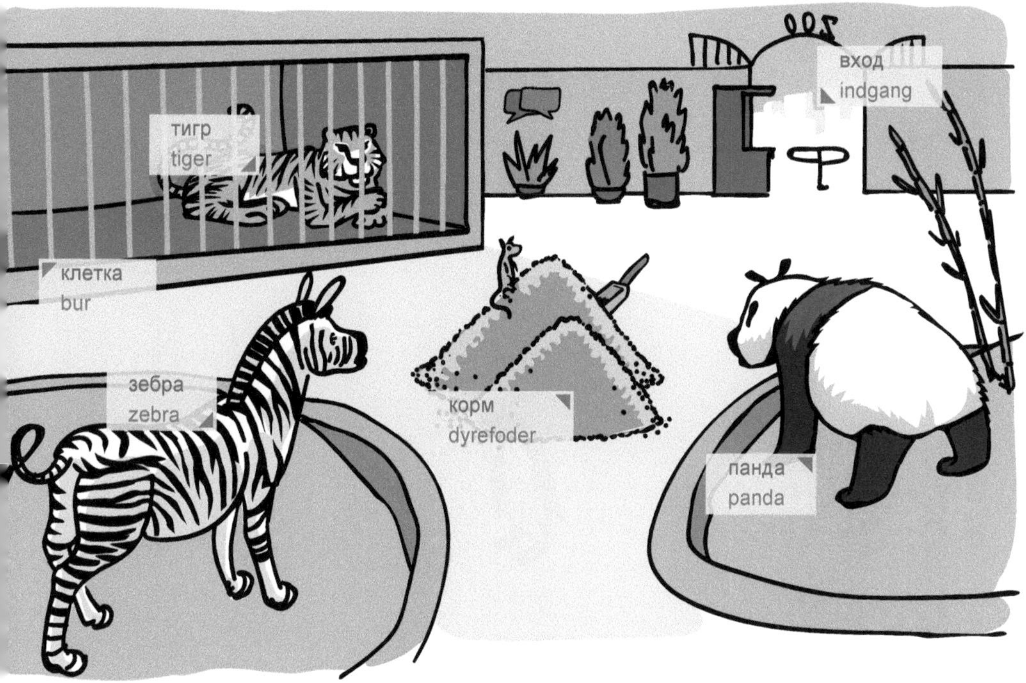

вход
indgang

тигр
tiger

клетка
bur

зебра
zebra

корм
dyrefoder

панда
panda

животные

dyr

слон

elefant

кенгуру

kænguru

носорог

næsehorn

горилла

gorilla

медведь

bjørn

верблюд

kamel

страус

struds

лев

løve

обезьяна

abe

фламинго

flamingo

попугай

papegøje

белый медведь

isbjørn

пингвин

pingvin

акула

haj

павлин

påfugl

змея

slange

крокодил

krokodille

служитель зоопарка

dyrepasser

тюлень

sæl

ягуар

jaguar

пони

pony

леопард

leopard

бегемот

flodhest

жираф

giraf

орёл

ørn

кабан

vildsvin

рыба

fisk

черепаха

skildpadde

морж

hvalros

лиса

ræv

газель

gazelle

американский футбол
amerikansk football

езда на велосипеде
cykling

теннис
tennis

баскетбол
basketball

плавание
svømning

хоккей
ishockey

бокс
boksning

футбол
fodbold

бадминтон
badminton

лёгкая атлетика
atletik

гандбол
håndbold

лыжный спорт
skiløb

поло
polo

действия
aktiviteter

прыгать
springe
обнимать
give et knus
смеяться
grine
идти
gå
петь
synge
мечтать
drømme
молиться
bede
целовать
kysse

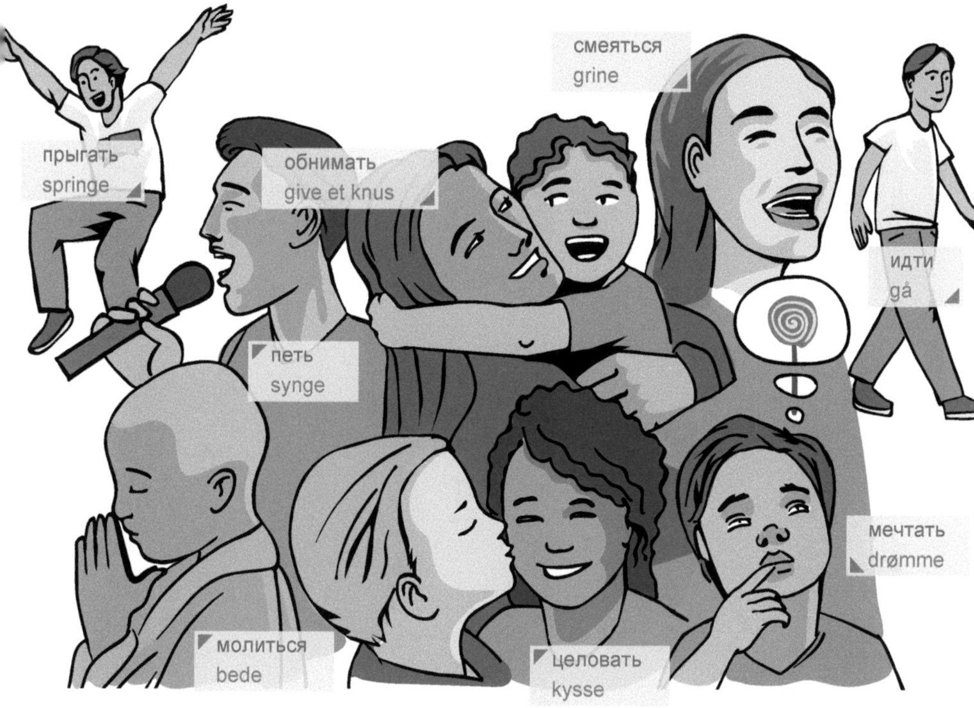

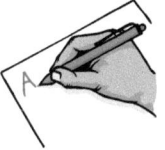

писать

skrive

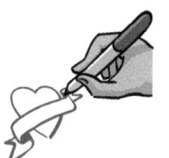

рисовать

tegne

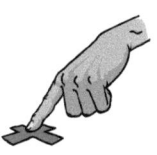

показывать

vise

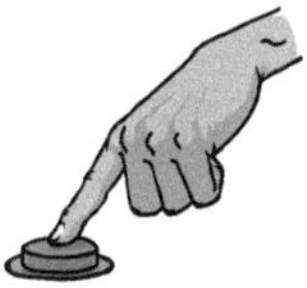

нажимать

skubbe

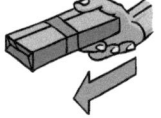

давать

give

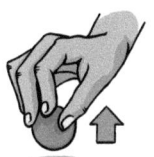

брать

tage

иметь

have

делать

gøre

быть

være

стоять

stå

бежать

løbe

тянуть

trække

бросать

kaste

падать

falde

лежать

ligge

ждать

vente

носить

bære

сидеть

sidde

надевать

tage på

спать

sove

просыпаться

vågne

рассматривать

se på

плакать

græde

гладить

ae

причесывать

kæmme

говорить

tale

понимать

forstå

спрашивать

spørge

слушать

høre

пить

drikke

кушать

spise

наводить порядок

rydde op

любить

elske

готовить

koge

ехать

køre

летать

flyve

ходить под парусом

sejle

считать

regne

читать

læse

учиться

lære

работать

arbejde

вступать в брак

gifte sig med

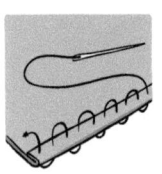

шить

sy

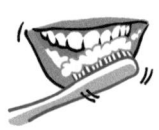

чистить зубы

børste tænder

убивать

dræbe

курить

ryge

отправлять

sende

бабушка
bedstemor

дедушка
bedstefar

папа
far

мама
mor

младенец
baby

дочь
datter

сын
søn

гость

gæst

тетя

tante

дядя

onkel

брат

bror

сестра

søster

тело
krop

лоб
pande
глаз
øje
плечо
skulder
палец
finger
лицо
ansigt
подбородок
hage
кисть
hånd
нога
ben
грудь
bryst
рука
arm

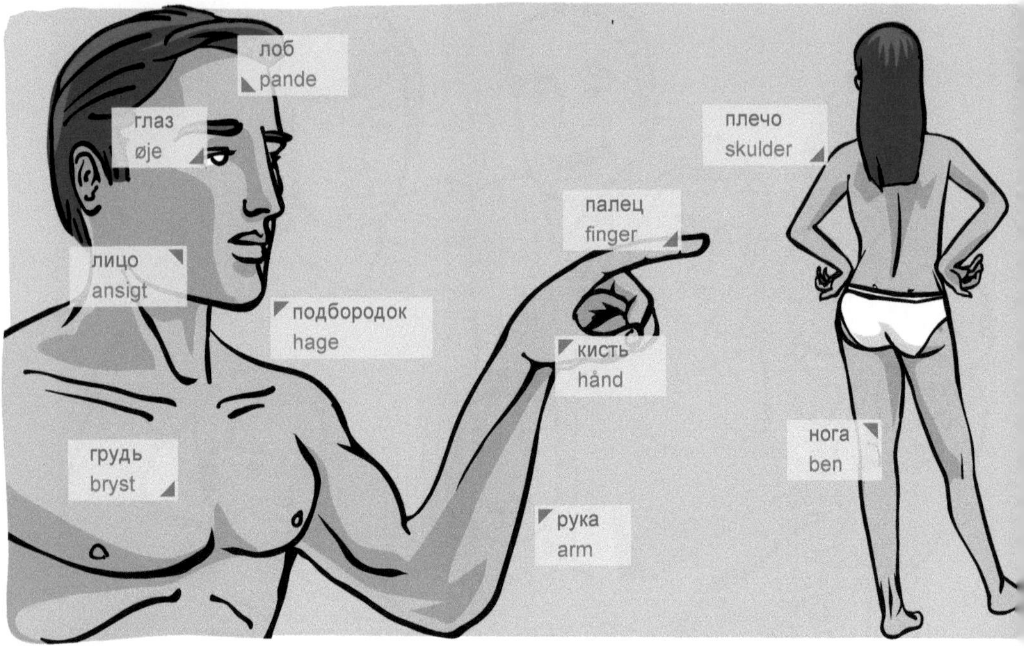

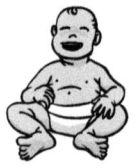

младенец

baby

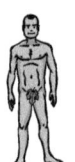

мужчина

mand

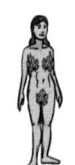

женщина

kvinde

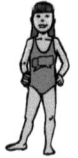

девочка

pige

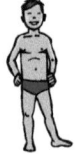

мальчик

dreng

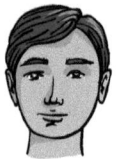

голова

hoved

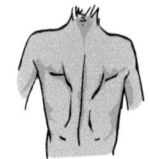

спина

ryg

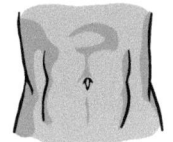

живот

mave

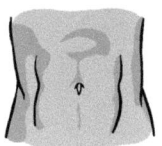

пупок

navle

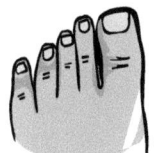

палец ноги

tå

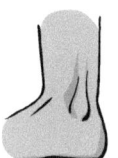

пятка

hæl

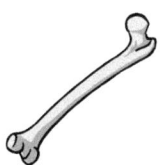

кость

knogle

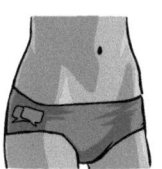

бедро

hofte

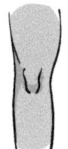

колено

knæ

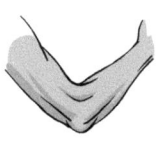

локоть

albue

нос

næse

ягодицы

bagdel

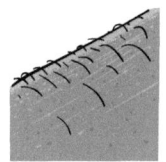

кожа

hud

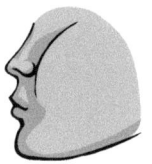

щека

kind

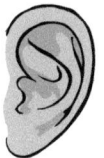

ухо

øre

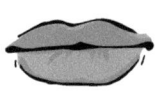

губа

læbe

тело - krop

рот

mund

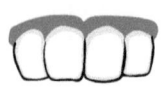

зуб

tand

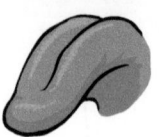

язык

tunge

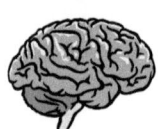

мозг

hjerne

сердце

hjerte

мышца

muskel

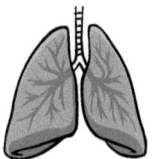

лёгкое

lunge

печень

lever

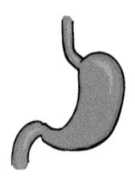

желудок

mavesæk

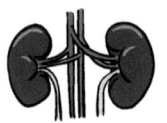

почки

nyrer

половой акт

sex

презерватив

kondom

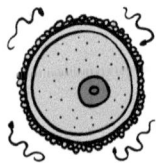

яйцеклетка

ægcelle

сперма

sperm

беременность

svangerskab

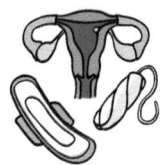

менструация

menstruation

вагина

vagina

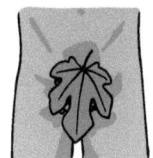

пенис

penis

бровь

øjenbryn

волосы

hår

шея

hals

больница
sygehus

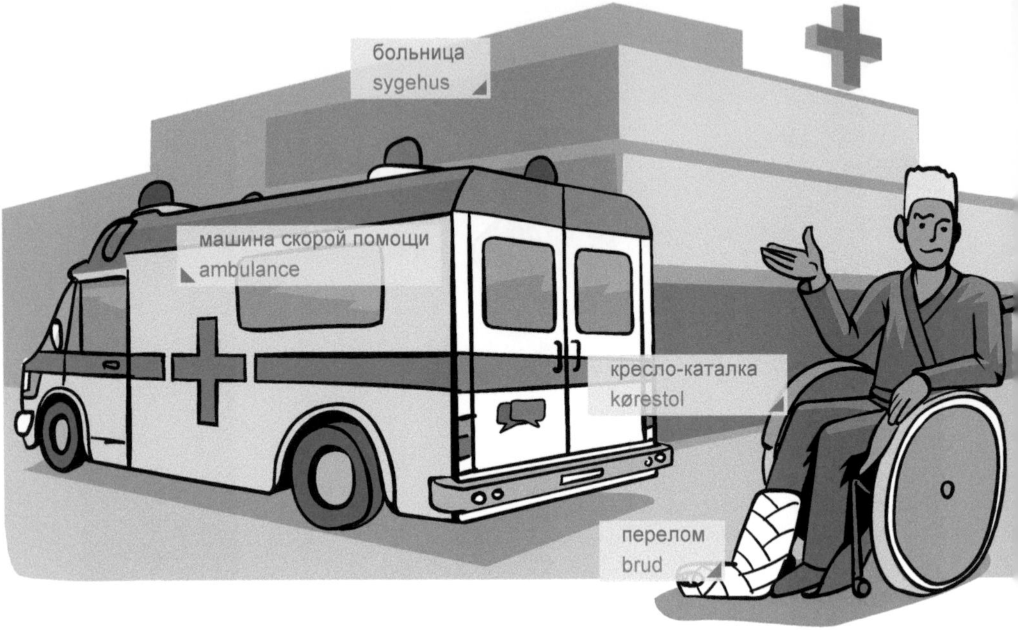

больница
sygehus
машина скорой помощи
ambulance
кресло-каталка
kørestol
перелом
brud

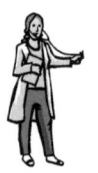

врач

læge

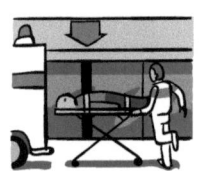

пункт первой помощи

akutmodtagelse

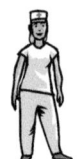

медсестра

sygeplejerske

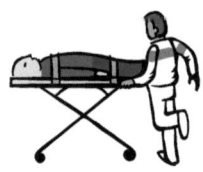

неотложный случай

nødstilfælde

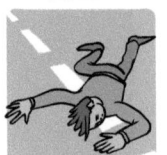

без сознания

bevidstløs

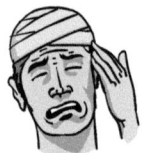

боль

smerte

повреждение

skade

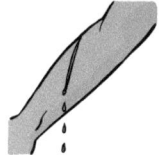

кровотечение

blødning

инфаркт

hjerteinfarkt

инсульт

slagtilfælde

аллергия

allergi

кашель

hoste

овышенная температура

feber

грипп

influenza

понос

diarré

головная боль

hovedpine

рак

kræft

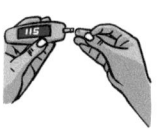

диабет

diabetes

хирург

kirurg

скальпель

skalpel

операция

operation

КТ

CT

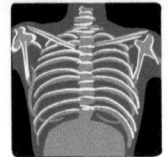

рентген

røntgen

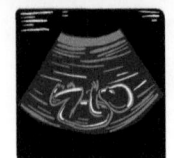

ультразвук

ultralyd

маска

maske

болезнь

sygdom

приёмная

venteværelse

костыль

krykke

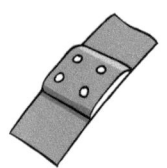

пластырь

plaster

бинт

forbinding

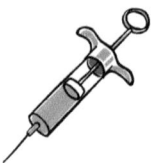

укол

injektion

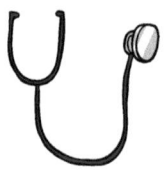

стетоскоп

stetoskop

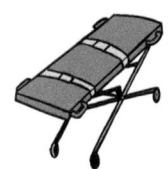

носилки

båre

термометр

termometer

рождение

fødsel

избыточный вес

overvægt

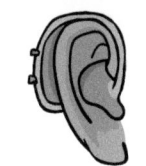

слуховой аппарат

høreapparat

дезинфекционное средство

desinficerende middel

инфекция

infektion

вирус

virus

ВИЧ / СПИД

HIV / AIDS

лекарство

medicin

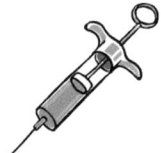

прививка

vaccination

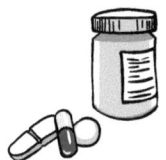

таблетки

tabletter

противозачаточная таблетка

pille

экстренный вызов

nødopkald

прибор для измерения кровяного давления

blodtryksmåler

больной / здоровый

syg / rask

Помогите!

Hjælp!

сигнал тревоги

alarm

нападение

overfald

атака

angreb

опасность

fare

запасной выход

nødudgang

Пожар!

Det brænder!

огнетушитель

ildslukker

несчастный случай

uheld

аптечка

førstehjælps-kuffert

SOS

SOS

милиция

politi

Европа

Europa

Северная Америка

Nordamerika

Южная Америка

Sydamerika

Африка

Afrika

Азия

Asien

Австралия

Australien

Атлантический океан

Atlanterhavet

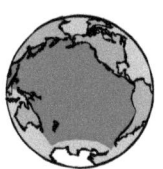

Тихий океан

Stillehavet

Индийский океан

Indiske Ocean

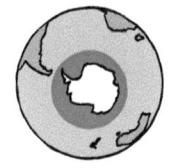

Антарктический океан

Sydlige Ishav

Северный Ледовитый океан

Ishav

Северный полюс

Nordpol

Южный полюс

Sydpol

Антарктика

Antarktis

земля

Jorden

суша

land

море

hav

остров

ø

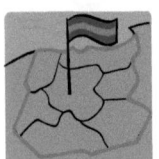

нация

nation

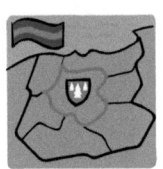

государство

stat

циферблат

urskive

часовая стрелка

timeviser

минутная стрелка

minutviser

секундная стрелка

sekundviser

Который час?

Hvad er klokken?

день

dag

время

tid

сейчас

nu

электронные часы

digitalur

минута

minut

час

time

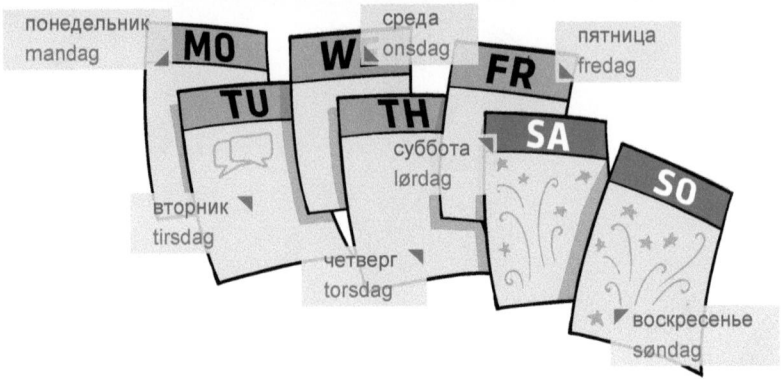

понедельник
mandag

среда
onsdag

пятница
fredag

вторник
tirsdag

четверг
torsdag

суббота
lørdag

воскресенье
søndag

вчера

i går

сегодня

i dag

завтра

i morgen

утро

morgen

полдень

middag

вечер

aften

рабочие дни

arbejdsdage

выходные

weekend

год

år

дождь
regn
радуга
regnbue
ветер
vind
снег
sne
весна
forår
осень
efterår
лето
sommer
зима
vinter

4.APRIL 11°
5.APRIL 4°
6.APRIL 13°
7.APRIL 8°
8.APRIL 10°

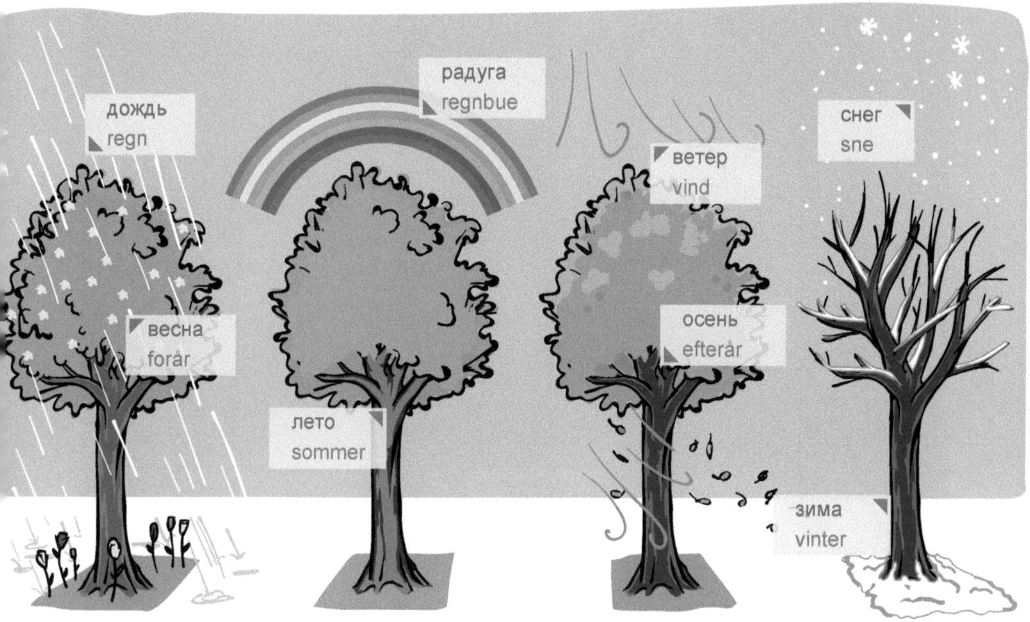

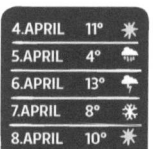

прогноз погоды

vejrudsigt

F C
120 40
90 30
60 20
30 10
0 0
-30 -10
-20

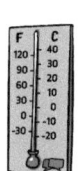

термометр

termometer

солнечный свет

solskin

туча

sky

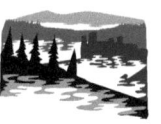

туман

tåge

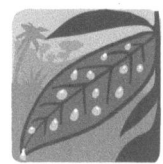

влажность воздуха

luftfugtighed

молния

lyn

гром

torden

буря

storm

град

hagl

муссон

monsun

наводнение

flod

лёд

is

январь

januar

февраль

februar

март

marts

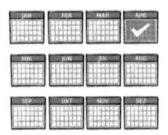

апрель

april

май

maj

июнь

juni

июль

juli

август

august

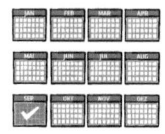

сентябрь

september

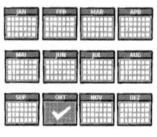

октябрь

oktober

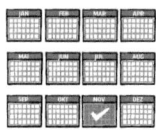

ноябрь

november

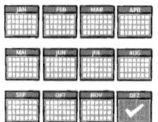

декабрь

december

круг

cirkel

квадрат

kvadrat

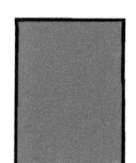

прямоугольник

firkant

треугольник

trekant

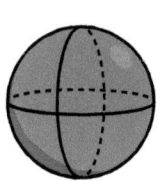

шар

kugle

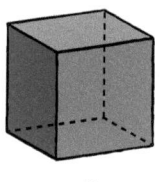

куб

terning

белый

hvid

желтый

gul

оранжевый

orange

розовый

pink

красный

rød

лиловый

lilla

синий

blå

зелёный

grøn

коричневый

brun

серый

grå

черный

sort

много / мало

meget / lidt

яростный / мирный

rasende / fredelig

красивый / уродливый

smuk / grim

начало / конец

begyndelse / slut

большой / маленький

stor / lille

светлый / темный

lys / mørk

брат / сестра

bror / søster

чистый / грязный

ren / snavset

полный / неполный

fuldkommen / ufuldkommen

день / ночь

dag / nat

мёртвый / живой

død / levende

широкий / узкий

bred / smal

съедобный / несъедобный

spiselig / uspiselig

злой / дружелюбный

vred / venlig

взволнованный /
скучающий
ophidset / kedet

толстый / худой

tyk / tynd

сначала / в конце

først / sidst

друг / враг

ven / fjende

полный / пустой

fuld / tom

твёрдый / мягкий

hård / blød

тяжёлый / легкий

tung / let

голод / жажда

sult / tørst

больной / здоровый

syg / rask

незаконный / законный

illegal / legal

умный / глупый

intelligent / dum

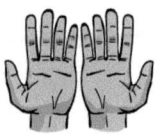

слева / справа

venstre / højre

близко / далеко

nær / fjern

новый / подержанный

ny / brugt

ничто / нечто

intet / noget

старый / молодой

gammel / ung

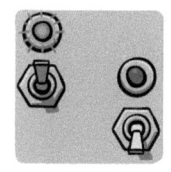

включено / выключено

tændt / slukket

открыто / закрыто

åben / lukket

тихо / громко

stille / højt

богатый / бедный

rig / fattig

правильный /
неправильный
rigtig / forkert

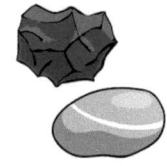

шероховатый / гладкий

ru / glat

печальный / счастливый

ked af det / lykkelig

короткий / длинный

kort / lang

медленный / быстрый

langsom / hurtig

мокрый / сухой

våd / tør

тёплый / прохладный

varm / kold

война / мир

krig / fred

0

ноль

nul

1

один

en

2

два

to

3

три

tre

4

четыре

fire

5

пять

fem

6

шесть

seks

7

семь

syv

8

восемь

otte

9

девять

ni

10

десять

ti

11

одиннадцать

elleve

12

двенадцать

tolv

13

тринадцать

tretten

14

четырнадцать

fjorten

15

пятнадцать

femten

16

шестнадцать

seksten

17

семнадцать

sytten

18

восемнадцать

atten

19

девятнадцать

nitten

20

двадцать

tyve

100

сто

hundrede

1.000

тысяча

tusinde

1.000.000

миллион

million

sprog

английский

engelsk

американский английский

amerikansk engelsk

мандаринский китайский

kinesisk mandarin

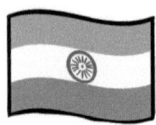

хинди

hindi

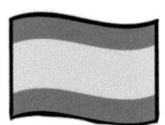

испанский

spansk

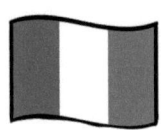

французский

fransk

арабский

arabisk

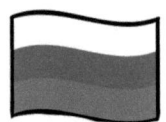

русский

russisk

португальский

portugisisk

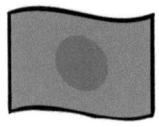

бенгальский

bengalsk

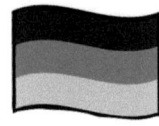

немецкий

tysk

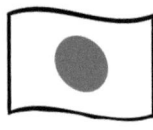

японский

japansk

я
jeg

ты
du

он / она / оно
han / hun / den / det

мы
vi

вы
I

они
de

кто?
hvem?

что?
hvad?

как?
hvordan?

где?
hvor?

когда?
hvornår?

имя
navn

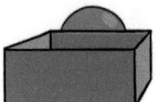

за
....
bag

в
....
i

перед
....
foran

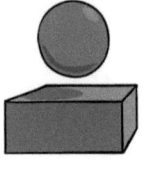

над
....
over

на
....
på

под
....
under

рядом
....
ved siden af

между
....
imellem

место
....
sted